Cynnwys

Llawn gwynt

Sut ydych chi'n newid sain, neu **traw,** yr offerynnau hyn i wneud gwahanol nodau?

Beth am wneud offerynnau gwynt eich hun gyda phethau fel poteli llefrith?

Gall hyd yn oed bibell ddŵr o'r ardd fod yn offeryn cerdd, gyda'r darn ceg cywir.

Offerynnau chwyth yw'r enw ar offerynnau sy'n cael eu chwythu i wneud seiniau.

Beth sy'n digwydd os rhowch eich llaw yn y twll?

Bu pobl yn canu'r corn ar draws y byd ers miloedd o flynyddoedd.

Wow!

Byddai corn Ffrengig yn 3.8 metr o hyd ar ôl cael ei ddadweindio.

Tawelwch!

Fyddai rhai o'r synau hyn yn eich gwylltio?

Pa rai sy'n hawdd eu tawelu? Ceisiwch egluro sut.

Pa rai sy'n debyg o fod yn anodd eu tawelu? Pam?

Am faint y mae'r seiniau hyn yn debygol o barhau?

Pa rai allai darfu ar rywun arall?

RHAID I AWYRENNAU GODI A GLANIO YN RHYWLE

Er nad yw sŵn yn llygru'r amgylchedd mor barhaol â sbwriel, mae'n dal yn broblem ddifrifol. Wyddech chi fod synau uchel yn gallu niweidio eich clyw?

Pa niwed neu drafferth arall y mae sŵn yn gallu ei achosi?

Os yw rhywun yn credu bod sŵn yn rhy uchel, gallant ffonio swyddog iechyd yr amgylchedd. Bydd yn defnyddio offer gwyddonol i brofi lefel y sŵn. Os yw'r lefel yn rhy uchel, rhaid i'r bobl sy'n gwneud y sŵn stopio, neu wneud llai o sŵn.

Wow! 210 db oedd y sŵn uchaf a gafodd ei fesur erioed. NASA wnaeth y sŵn mewn labordy yn Alabama, America. Roedd y sŵn i'w glywed 161 km i ffwrdd ac roedd mor uchel fel y gallech ei ddefnyddio i wneud tyllau mewn deunydd solid.

DYNA DDIGON O SŴN! MAE FY MHEN I'N TROI!
ALLA'I DDIM CLYWED. MAE SŴN Y TRAFFIG YN RHY UCHEL O LAWER.
DIM OND CHWARAE RYDYN NI.

Seiniau comic

Mae comics yn dangos seiniau mewn gwahanol ffyrdd. Mae'r arlunydd yn tynnu llun y 'seiniau' a dangos pa fath o seiniau ydyn nhw – rhai swnllyd neu dawel, ac o ble maen nhw'n dod. Edrychwch ar y lluniau comic hyn i weld y gwahanol seiniau.

Beth allwch chi ei ddweud am bob sain?

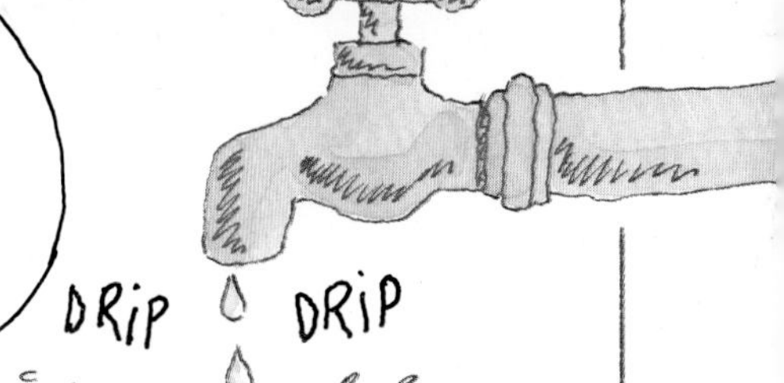

Gwnewch stribed cartŵn eich hun yn dangos llawer o seiniau.

Sŵn anifeiliaid

Mae'r ystlum yn hedfan yn y nos, ond byth yn taro unrhyw beth! Mae'n gwneud seiniau **traw uchel** a gwrando ar yr **atsain**. Mae'r atsain yn dangos lle mae'r coed a'r waliau a'r pryfed sy'n hedfan.

Mae gan yr anifeiliaid hyn glustiau hefyd. Lle, tybed?

Cen rhydd ar gynffon neidr gynffondrwst sy'n gwneud ei sŵn.

Wow!

Gall un morfil cefngrwm glywed un arall hyd at 185 cilometr i ffwrdd.

Mae gan yr anifeiliaid hyn glustiau hefyd. Lle, tybed?

Mae'r morfil cefngrwm gwryw yn canu. Yr un gân sydd gan bob morfil mewn grŵp, fel gwahanol ieithoedd gan bobl. Efallai fod y morfilod yn canu er mwyn denu benywod neu i ddychryn gwrywod eraill, neu i roi gwybod i'w gilydd lle maen nhw'n nofio.

Mae pysgod yn gwneud sŵn hefyd. Yn y Caribî y mae'r pysgodyn hwn yn byw, a'i enw yw *grunt.* Sut cafodd ei enw, tybed?

Canu fel eos

Pam mae adar yn canu? Achos eu bod nhw'n hapus efallai? Neu ydyn nhw'n dweud rhywbeth wrthych chi neu wrth adar eraill?

Mae'r robin goch yn canu i ddychryn robin goch arall. Mae'n canu hefyd i ddenu cymar. Efallai y gallech chi wylio rhai adar a cheisio meddwl pam maen nhw'n canu.

Ydyn nhw'n canu ar rai adegau o'r flwyddyn yn unig? Ydi eu cân nhw'n newid?

Wow!

Gall drudwy ein twyllo trwy ddynwared pobl yn chwibanu neu gloch y ffôn.

Ydych chi wedi clywed parot yn dynwared lleisiau pobl?

Ydi'r parot yn dweud rhywbeth mewn gwirionedd, neu dim ond yn gwneud synau sy'n debyg i eiriau?

Pam mae pobl yn canu, tybed? Ydi'r gân yn wahanol i gân yr adar? Fyddwch chi'n canu weithiau? Pryd a ble fydd pobl yn canu?

Huw a therapi lleferydd

Mae pawb yn cael trafferth wrth geisio dweud rhai seiniau, yn enwedig os oes rhaid eu dweud yn gyflym. Ceisiwch ddweud:

Oer yw'r eira ar Eryri.

Lori'n rowlio i lawr yr allt.

Llyffant llwyd yn lliwio llun llewod mewn llyfr.

Hwch fawr goch a chwech o berchyll bychan bochgoch.

Saith deg saith selsig yn sisial mewn sosban.

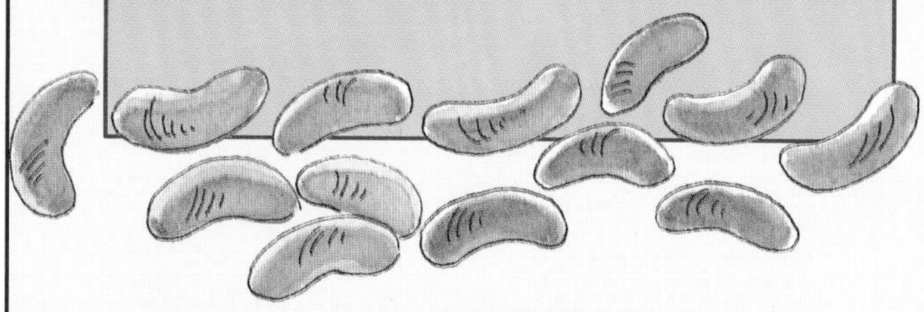

Bydd gan rai plant broblemau mwy difrifol a byddant yn mynd at **therapydd lleferydd.**

1 Doedd Huw, brawd bach Manon, ddim yn clywed yn dda a chafodd gromet i dynnu hylif o'i glustiau.

2 Mae Huw yn mynd gyda Mam a Manon i'r ysbyty i gael prawf clyw.

3 Mae'r therapydd lleferydd yn profi lleferydd Huw hefyd. Mae'n dangos lluniau ac ysgrifennu beth mae Huw yn ei ddweud.

4 Mae'r therapydd lleferydd yn dweud bod angen help ar Huw. Byddai'n help i Huw ymuno â grŵp o blant sy'n cwrdd bob wythnos.

5 Mae Huw yn cwrdd â'i ffrindiau newydd ac maen nhw'n dysgu gwrando. Mae'n mynd yno am bedair wythnos.

6 Ar y diwrnod olaf mae Manon a Mam yn gweld sut gallan nhw helpu Huw gartref.

7 Maen nhw'n chwarae gêmau i helpu Huw ddweud Rr…

8 Maen nhw'n chwarae gêm bysgota am eiriau. Os ydyn nhw'n anghofio dweud Rr mae'n rhaid rhoi'r pysgodyn yn ôl.

9 Mae Huw wedi dysgu dweud Rr a seiniau eraill ond mae'n dal i gael ychydig o help gan y therapydd lleferydd.

Barddoniaeth sain

Synau yn y nos

Plip!
Plop!
Plip!
Dim ond y tap yn diferu,
Ddim yn swnllyd iawn
Ond rwy'n effro drwy'r nos.
Nawr rwy'n eistedd yn fy ngwely
Yn y tywyllwch.
Mae'r lamp wedi diffodd,
Alla'i ddim cysgu,
Mae'n rhy hwyr i godi.
Beth arall glywaf fi?
Beth yw'r sŵn acw?
Y grisiau yn gwichian,
Neu wres y tŷ
Yn diffodd efallai,
Neu rywbeth arall, tybed?

Mae llawer o synau yn y nos na fyddwn ni'n sylwi arnyn nhw yn ystod y dydd. Ond mae yna rai synau sydd ond yn digwydd yn y nos.

Dychmygwch eich bod mewn pwll nofio. Pa synau sydd i'w clywed wrth i chi eistedd ar ymyl y pwll, neu dan y dŵr, neu wrth lithro i lawr y llithren?

Ceisiwch ysgrifennu cerdd sain eich hun.

Sain yn teithio

Lle rwyt ti ... wyt ti ....
Fan yma ... yma ... yma ...
Yn lle ... lle ... lle ...
TAP TAP TAP TAP TAP TAP TAP
SBLASH!
BANG BANG BANG BANG
Plant yn fyw ac iach
Daeth y plant oedd ar goll adref yn ddiogel. Roedden nhw wedi paratoi'n dda gyda dillad cynnes a siocled rhag argyfwng.

Posau sain

Mae'n dywyll,
Welaf i ddim.
Ond rwy'n gallu clywed, cyffwrdd, arogli a blasu.
Felly gallaf ddefnyddio fy synhwyrau.
Nid yw blasu fy amgylchedd yn syniad da.

Beth alla'i ei deimlo nawr? – Mae'n gynnes a llaith. Beth alla'i ei arogli? – Arogl fel pysgod ac fel glan y môr. Beth glywaf fi? – thwmbydi thwmp, thwmbydi thwmp.
Rwy'n cofio, fy enw yw Jona.

Lle mae Jona?
Pam mae'n gallu teimlo, arogli, a chlywed y pethau hyn?

Rwy'n breuddwydio, ond beth wyf fi a beth sy'n digwydd?

Roeddwn yn crwydro'n hapus gan
Suo, Suo, Suo.
Yna BOING!
Rwy'n sownd.
Rwy'n ceisio SUO ond yn methu.
Rwy'n gaeth, yn methu SUO.
Dal i drio ond mae mor anodd SUO.
Felly arhosaf yn llonydd.
Mae rhywbeth yn symud;
TIP, TIP, TIP, TIP, TIP, TIP, TIP, TIP,
Yn dod yn nes.
Methu gweld, ond beth bynnag yw hwn
Mae'n dod yn nes.
Help!
Methu cofio dim ond rydw i
Yn rhywle arall,
Wedi lapio'n dynn.

Ydych chi'n deall beth sydd wedi digwydd?
Beth mae'r geiriau mewn PRIFLYTHRENNAU yn ei ddisgrifio?

Beth am ysgrifennu posau sain eich hun?

Seiniau mewn darluniau

Am ba seiniau rydych chi'n meddwl wrth edrych ar y lluniau hyn?

Sŵn yn rhybuddio

Ydych chi'n defnyddio cloc larwm i'ch helpu i godi yn y bore? Pa fath o gloc sy'n gweithio orau tybed?

BÎB!...
7·00

• neu gloc larwm modern fel hyn

• cloc larwm hen ffasiwn gyda chloch go-iawn fel hyn

Ydych chi erioed wedi cysgu'n hwyr, heb glywed eich larwm? Sut gallai cloc larwm ganu'n uwch tybed?

BÎB!... BÎB!...
BÎB!...

Deffra, mae'n hwyr iawn!
Z Z Z Z Z Z

Mwg sy'n gwneud i ambell larwm ganu. Efallai fod **larwm mwg** yn eich tŷ chi. Gallai achub eich bywyd trwy roi rhybudd i chi bod tân yn llosgi yn y tŷ.

Gall sŵn cloch roi rhybudd tân. Mae larwm tân yn eich ysgol. Beth sy'n gwneud iddo ganu?

Mae llawer o synau rhybuddio i'w clywed ar y stryd.
Faint welwch chi yn y llun hwn?

Geirfa

Atsain
Wrth i chi weiddi mewn twnel dan bont neu wrth ymyl llawer o adeiladau tal, efallai y clywch eich llais eto ac eto. Y rheswm yw fod y sain yn bownsio oddi ar y waliau a dod yn ôl atoch chi.

Larwm mwg
Dyfais sy'n gwneud sŵn pan fydd yn canfod mwg yw larwm mwg. Mae'n rhybuddio pobl bod tân yn llosgi er mwyn iddyn nhw allu dianc.

Offeryn chwyth
Offeryn cerdd yw hwn sy'n gwneud sŵn wrth i chi chwythu. Mae recorder, ffliwt a chlarinét i gyd yn offerynnau chwyth.

Traw
Mae traw yn disgrifio pa mor uchel neu isel yw nodyn neu sain.

Traw uchel
Pan fydd sain yn uchel ac nid yn isel, dywedwn ei fod yn sain traw uchel.

Therapi lleferydd
Triniaeth i bobl sy'n cael problemau wrth siarad yw therapi lleferydd. Mae'n helpu pobl i siarad yn fwy eglur.

Therapydd lleferydd
Mae therapydd lleferydd yn helpu pobl i siarad yn fwy eglur.